Hervé Pugi

Nous, les **enfants** de **1979**

De la naissance à l'âge adulte

Éditions Wartberg

Mentions légales

Crédits photographiques :

Archives personnelles, p. 4-7, 10-12, 14-16, 18-23, 25-32, 35, 38-40, 44, 46, 49, 50h, 52, 54, 61-62.
© Picture-alliance / dpa, p. 37 ; Picture-alliance / united archives / TopFoto, p. 8 ;
Picture-alliance / Mary Evans Picture Library, p. 43 ;
Picture-alliance / dpa / dpaweb / epa-Bildfunk, p. 51 ;
Picture-alliance / Photoshot, p. 57h ; Picture-alliance / AFP, p. 60.
© Ullstein bild – Zangl, p. 24 ; Ullstein bild – Brunner, p. 33 ; Ullstein bild – Succo, p. 36 ;
Ullstein bild – dpa, p. 41h, 42 ; Ullstein bild – Sven Simon, p. 41b ;
Ullstein bild – Bonn-Sequenz, p. 45, 50b ; Ullstein bild – Pfeiffer, p. 47 ; Ullstein bild – Röhrbein, p. 48 ;
Ullstein bild – iT, p. 53 ; Ullstein bild – Oskar Poss, p. 56 ; Ullstein bild – sinopictures / Fotoe, p. 57b ;
Ullstein bild – united archives / 91040, p. 58 ; Ullstein bild – united archives, p. 59 ;
Ullstein bild – CARO / Rupert Oberhäuser, p. 63.
© Carlos Gayoso / Roger-Viollet, p. 9 ; Jean-Régis Roustan / Roger-Viollet, p. 13 ;
Jean-Pierre Couderc / Roger-Viollet, p. 17, 34.

Nous remercions tous les ayants droit pour leur aimable autorisation de reproduction.
Dans le cas où l'un d'eux n'aurait pu être joint, une provision de droits est prévue.

4e édition, 2012

© Éditions Wartberg
40, rue de l'Échiquier
75010 Paris

Un département de Wartberg Verlag GmbH & Co. KG.
Im Wiesental 1
34281 Gudensberg-Gleichen
Allemagne

Tous droits réservés pour tous pays.

Conception graphique : Ravenstein & partenaires, Verden.
Imprimé en Allemagne sur les presses de Thiele & Schwarz, Kassel.

ISBN : 978-3-8313-2579-5

Chers enfants de 1979,

Le monde ne tourne pas toujours bien rond, et la cuvée 1979 en sait quelque chose. Certes, nos parents – pour la plupart nés après la seconde guerre mondiale – ont connu leur lot de bouleversements et de craintes. Pour autant, ils ont pu compter sur une conjoncture favorable avec les Trente Glorieuses, qui leur a permis de se projeter dans le futur avec une certaine confiance. Nous, les enfants de 1979, nous avons constamment dû faire face à l'incertitude, piégés par un mode de vie en inadéquation avec l'évolution de nos existences. Chocs pétroliers, crises et chômage ont jalonné notre parcours dès notre plus jeune âge. Certes, nous avons été choyés et protégés, mais cette protection était bien plus familiale que sociale.

Dès notre adolescence, la vie s'annonçait compliquée. Chaque journal de 20 heures n'offrait rien d'autre que la promesse d'un enfer portant le nom de « précarité ». L'actualité ne dit pas autre chose. Quant à l'Histoire, elle s'emballait, nous offrant son lot d'espoirs et de désillusions.

Pour autant, il n'est nullement question de nous apitoyer sur notre sort. La vie nous a offert mille extases. Nous avons croqué chaque bonne chose jusqu'à nous en écœurer, nous avons fait tant de bêtises qu'il faudrait plus d'un livre pour les recenser. Nous avons profité de chaque instant, riant à gorge déployée, pleurant à chaudes larmes, nous avons construit notre avenir malgré les écueils rencontrés. Voici le récit, bien évidemment non exhaustif, d'une génération qui a tant à dire et à redire sur son époque.

Hervé Pugi

Premiers pas

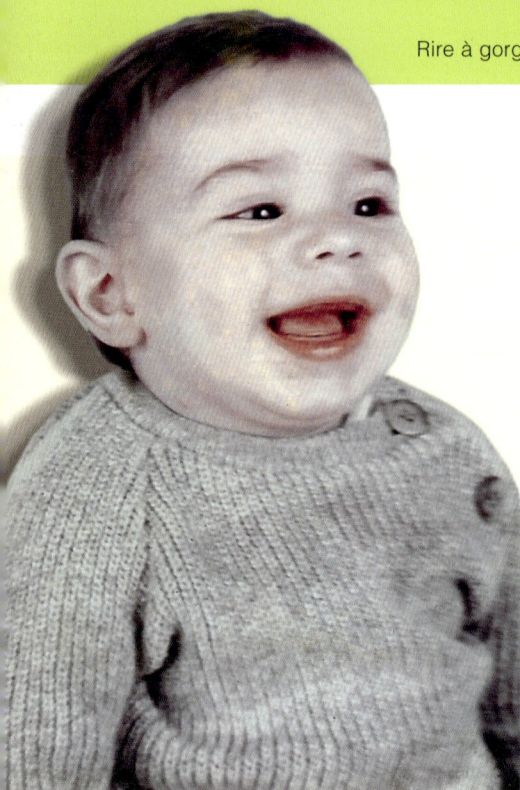

Autre époque, autres mœurs

À une heure près, je naissais le même jour que mon grand-père. Première ironie de la vie. Dans cette nuit du 18 au 19 avril, les naissances se succèdent à la clinique. Que des filles, sauf moi – c'est en tout cas ce que l'on m'a raconté.

Évidemment, mes parents sont les plus heureux du monde. Je suis le deuxième à arriver, après un grand frère, et je resterai le dernier. Les

Chronologie

enfants du baby-boom ne font pas comme leurs parents : deux ou trois gamins, c'est un maximum. Ce qui fait déjà un sacré paquet de cousins et de cousines !

Le grignotage ? En voilà une super activité.

Les familles nombreuses ne sont plus à la mode et le travail du planning familial porte ses fruits. De plus, Mai 68 a permis aux femmes, même s'il reste un long chemin à parcourir, de s'affirmer un peu plus. Désormais, les choses sont claires : un enfant, ça se décide, ça ne s'impose pas. Preuve en est, la loi Veil, promulguée le 17 janvier 1975, dépénalise la pratique de l'avortement dans certaines conditions.

De 0 à 2 ans

Bokassa, un ami embarrassant

Le 10 octobre 1979, Le Canard enchaîné dévoile la fumeuse affaire des diamants. Dans l'œil du cyclone, un certain Valéry Giscard d'Estaing. Selon ces accusations, le président de la République aurait reçu des cadeaux d'une valeur non négligeable de l'ancien chef d'État de la République centrafricaine, Jean-Bedel Bokassa, autoproclamé empereur en 1976 et déchu peu de temps auparavant. Le scandale fait grand bruit et est repris par toute la presse. Pour sa part, le journal satirique évoque, preuves à l'appui – certes contestées et contestables –, des diamants de 30 carats pouvant atteindre une valeur de 1 million de francs. Si V.G.E. n'a jamais nié l'existence de ces présents, il s'est toujours maladroitement défendu d'un quelconque enrichissement personnel. Pourtant, le mal est fait : les révélations se succèdent et l'étau se resserre autour du palais de l'Élysée. Attaqué par ses adversaires comme par certains de ses alliés politiques, sérieusement égratigné par les journaux, le vingtième président de la République française n'en sortira pas indemne, alors même que se profile l'échéance des élections présidentielles de 1981. Le président sortant est battu au premier tour par François Mitterrand et Jacques Chirac. Au final, les diamants, expertisés et revendus, profiteront à des associations caritatives.

C'est ce qui s'appelle « démarrer dans la vie tambour battant ».

En toute sécurité

Quant à moi, je suis là et bien là. L'accouchement a un peu duré mais il s'est bien passé – loin de ceux qu'ont pu vivre nos grands-mères sur la table de la cuisine. Les nouveaux-nés sont parfaitement pris en charge par l'équipe médicale, ce qui ne manque pas de soulager l'ensemble de la famille, évidemment au septième ciel. De mieux en mieux équipées et dotées d'un personnel de qualité, les maternités permettent d'éviter bien des drames. Le taux de mortalité infantile s'élève en effet à 83 ‰, contre 100 ‰ trente ans plus tôt et 43 ‰ trente ans plus tard.

Pour ce qui est de mon alimentation, la décision est très vite prise – elle l'était même déjà avant, question d'expérience : je serai nourri au biberon. Et peu importent les préjugés !

Autre débat qui ressurgit avec une régularité déconcertante : faut-il coucher bébé sur le ventre ou sur le dos ? D'un côté, on lui éviterait l'étouffement. De l'autre, on le préserverait de la mort subite du nourrisson. Faites votre choix…

À cette époque, on découvre le monde sur le ventre. D'ailleurs, on ne se pose pas tant de questions : dans notre berceau, nous ne nous préoccupons de rien. Khomeyni au pouvoir en Iran ? Connais

Les premières aventures se vivent avec le grand frère.

pas ! L'Opep et le second choc pétrolier ? Jamais entendu parler ! L'URSS qui envahit l'Afghanistan ? Solidarnosc en Pologne ? Mesrine qui se fait tuer ? Aucune idée !

Du reste, cela vaut mieux… Notre quotidien se limite à faire des risettes pour plaire aux grands, à rassasier notre estomac, à faire changer nos couches. Et puis, à profiter des visages bienveillants qui se penchent sur nous. C'est donc ça, la vie ?

De 0 à 2 ans

Après une longue traque, Jacques Mesrine est abattu dans sa voiture.

Mesrine : l'ennemi n°1 est tombé

2 novembre 1979, 15 h 15. Porte de Clignancourt à Paris, un camion bâché s'insère dans la circulation et s'immobilise devant une voiture. En une fraction de seconde, des hommes de la BRI (brigade de recherche et d'intervention) surgissent de toutes parts, tandis que la bâche du camion se relève sur un groupe de tireurs d'élite. À bord du véhicule, Jacques Mesrine et sa compagne. L'homme aux mille visages, équipé de grenades et d'armes de poing, esquisse un geste. Mais ses adversaires font immédiatement feu sur la voiture : 21 impacts de balle dans la carrosserie, 18 balles dans le cadavre du très médiatique criminel. Exécution en règle ou légitime défense, la polémique est lancée et la question ne sera jamais vraiment tranchée. Mesrine était devenu l'ennemi public n°1 suite à une série de braquages et d'évasions spectaculaires, mais aussi de sorties médiatiques qui ont eu le don d'agacer la justice, la police et les plus hautes autorités de l'État. L'aura et la gouaille du criminel en feront un bandit romantique quasi légendaire. C'est oublier un peu vite que Jacques Mesrine avait revendiqué dans son livre L'Instinct de mort, paru en 1977, le meurtre de 39 personnes.

La maison, quel univers étrange !

Au bout de quelques jours, on rentre à la maison. À peine arrivés, il y a de quoi faire une sacrée moue. On pourrait disserter des heures sur les motifs géométriques des papiers peints et leurs couleurs légèrement criardes. Quant au mobilier, il est empreint d'un modernisme qui ne verra jamais le jour et que l'on nomme aujourd'hui… « vintage ». C'est tout dire. Il faut admettre que le Président est alors un centriste du nom de Valéry Giscard d'Estaing, emblème d'une société habituée à un certain confort et qui souhaite tout sauf le changement et la rupture.

Le must de la technologie des années 1980 : le Minitel, qui aura fait un séjour bien rapide dans les foyers français.

De 0 à 2 ans

Cinquante ans de mariage, ça se fête et ça s'admire.

Pour notre toilette, nos parents ont prévu une super baignoire en plastique orange, une couleur particulièrement courue à l'époque, semble-t-il. Et puis, il y a déjà tout un attirail pour aider bébé à s'endormir, à se réveiller, à s'éveiller, à se baigner et à se sentir bien dans ses langes. Bref, nous ne sommes pas vraiment à plaindre. D'autant que si Papa retourne très vite au boulot, Maman bénéficie d'un congé de maternité de huit semaines après notre naissance. De quoi gazouiller tranquillement dans son petit lit, vêtu d'une grenouillère qui n'a rien à envier aux... papiers peints.

Dans ce domaine aussi, les mœurs ont bien évolué. La femme qui reste à la maison pour s'occuper des mioches n'est plus la norme – loin de là. La plupart de nos mères sont des femmes actives qui ne tarderont pas à retourner au turbin. Sans gaieté de cœur, certes. Mais il le faut bien, dans une société qui ne se contente plus de l'essentiel.

Les crèches sont d'un grand secours, de même que les grands-parents. On ne parle pas encore de « super mamies » traversant les océans à la rame, championnes de gymnastique et d'une fraîcheur

Un robot, un escalier et des bâtons : l'imagination fera le reste.

10

éclatante. Non, nos « vieux » à nous sont ridés, courbés, expérimentés. Ils ont dans les yeux la grandeur du temps, la sagesse du vécu et une présence empreinte de tendresse et d'amour pour leur descendance. Et la simplicité de leur être a beaucoup fait pour nous.

Nous sommes alors au centre du monde : chacun de nos bruits et de nos gestes est guetté avec un intérêt certain, voire noté dans le « Livre de bébé » où chaque minute importante de notre vie est consignée avec une étrange exactitude. « Aujourd'hui, Bébé a fait sa première dent » ; « Hier, Bébé a esquissé un pas » ; « Demain, Bébé mangera un petit pot artichaut et betterave ». Le tout agrémenté de photos cadrées approximativement et à moitié floues. Une marque de fabrique. De la même manière que j'imaginais, dans ma prime enfance, que mes grands-parents avaient grandi dans un monde en noir et blanc, nos enfants s'imagineront sans doute que nous vivions dans un univers où le brouillard était permanent !

La première bougie, un moment très attendu par toute la famille.

Insupportables !

C'est bien ce que tout le monde attend autour de nous : les premières acquisitions qui nous rendent insupportables. Quand on marche, il faut nous suivre. Quand on fait nos dents, il faut nous supporter. Quand on mange, on en met partout. Et c'est sûrement le seul moment de l'existence où l'on peut à la fois tremper ses coudes dans une purée et remporter l'approbation de l'assemblée présente.

De 0 à 2 ans

À la maison, les aînés adorent toujours le nouvel arrivant mais chacun le vit à sa manière. Certains sont particulièrement perturbés et multiplient les caprices en tout genre, quand d'autres s'épanouissent complètement dans cette nouvelle relation. Ce qui demande une sacrée virtuosité pour ne pas transformer le petit dernier en enfant roi aux dépens de ses aînés.

Mais qu'il y ait d'autres enfants autour de nous ou non, notre plus grande complice reste alors Sophie la girafe. L'animal en caoutchouc subit la plupart de nos humeurs, bonnes ou mauvaises, jusqu'à nos rages de dents qui nous conduisent à la mâchonner méchamment. Pauvre Sophie ! Un vrai régal.

Même si nous évoluons avec la grâce d'une bande d'éléphants dans un magasin de porcelaine, on nous laisse vivre nos premières expériences sans nous préserver plus que de raison. On ne fait pas toute une affaire à la vue d'une bosse, pas plus qu'à la vue d'un bleu, et nous n'allons pas à la plage avec des combinaisons anti-UV. Certes, notre éducation ne s'est pas faite à la dure, mais il n'y avait pas non plus de place pour une quelconque « dramaturgie ».

« Ce soir, je serai la plus belle pour aller danser... »

Robert Badinter dans son cabinet, quelques mois avant l'abolition de la peine de mort.

L'adieu à la guillotine

Le 10 mai 1981, les Français élisent François Mitterrand à la présidence de la République. Durant sa campagne, le candidat du parti socialiste s'était prononcé en faveur de l'abolition de la peine de mort. Nouvellement élu, il donne un signe fort en graciant, quinze jours après son investiture, Philippe Maurice, condamné à la peine capitale.

Le 17 septembre de la même année, Robert Badinter, garde des Sceaux, présente un projet de loi devant l'Assemblée nationale. Le texte est voté dès le lendemain et adopté à une large majorité (369 voix contre 113). Le 30 septembre, le Sénat suit le mouvement et, dès le 9 octobre, la loi est officiellement promulguée. Six condamnés en attente d'être exécutés voient leur peine commuée, et les bourreaux bénéficient d'une retraite anticipée.

Reste qu'entre 1984 et 1995, pas moins de 27 propositions de rétablissement de la peine de mort ont été déposées auprès du Parlement. Contrairement à une idée reçue, Christian Ranucci n'aura pas été la dernière victime de la guillotine, puisque Jérôme Carrein et Hamida Djandoubi l'ont suivi sur l'échafaud au cours de l'été 1977.

« Pipi, caca »

Rapidement, les mignons petits nourrissons que nous étions sont devenus de sacrés petits bonshommes. Habillés de petits jeans (ou de petites jupes) et de pulls jacquards (très à la mode), nous déambulons sur nos deux jambes à la découverte de l'inconnu. Et puis, étape importante, nous apprenons à parler. Certes, on ne peut pas dire qu'à notre âge nous développions des discussions dignes d'un grand intérêt. Pour autant, nous discourons assez longuement pour occuper toute une assemblée. Ce n'est pas encore le moment des incessants « pourquoi », mais nous commençons à maîtriser un vocabulaire suffisant pour nous faire comprendre. Notamment les fameux « pipi » et « caca » qui accompagneront notre chemin vers l'indépendance vis-à-vis de la couche.

 La fameuse épreuve du pot, souvent en forme de canard à l'époque, fait la fierté de tous lorsqu'elle aboutit à un résultat probant. Nous-mêmes, nous ne sommes pas peu fiers de notre prouesse, cavalant partout – nez en l'air, ce qui est dangereux – avec notre pot odorant à la main. Tout le monde est passé par là et tout le monde l'a oublié. On se demande pourquoi...

 Il n'empêche que l'évolution est flagrante, notamment sur le plan physique. Nous ne rentrons pas dans nos tenues bien longtemps, et entre les salopettes ingérables lorsqu'il s'agit d'aller aux toilettes et les pulls qui grattent au niveau du cou, il y aurait de quoi raconter et se plaindre. Sans parler des cagoules intégrales, que l'on qualifierait aujourd'hui de terroristes !

   En dehors de ces quelques désagréments, il y a toutefois bien des raisons de se réjouir : un cheval qui roule, une voiture qu'on enjambe, des peluches

N'est-il pas vrai que les caractères s'affirment très vite ?

14

Il n'est pas rare que notre dilettantisme désespère nos aînés.

que l'on serre dans nos petits bras, et toute cette nature que l'on peut arracher, gratouiller et parfois même goûter, lorsque les grands ont le malheur de relâcher leur attention. Quant à la télévision, elle n'occupe dans nos vies qu'une place secondaire, presque négligeable. D'ailleurs, le petit écran ne s'adresse guère aux bambins que nous sommes.

Le temps de l'innocence ? C'est ce qu'on dit généralement de la prime enfance. Pourtant, il n'y a guère plus diabolique qu'un bébé, qui cerne très vite les forces et les faiblesses de ses géniteurs et n'a absolument aucun scrupule à en jouer pour arriver à ses fins. Ironie à l'image des commentaires que nous, les enfants de 1979, déversons dans les grandes réunions de famille avec un air moqueur, comme lorsqu'on traite les anciens de « fossiles » ! Même s'il ne fait aucun doute que nos enfants écriront des encyclopédies entières sur ce que nous leur ferons vivre.

De 0 à 2 ans

Comme des grands !

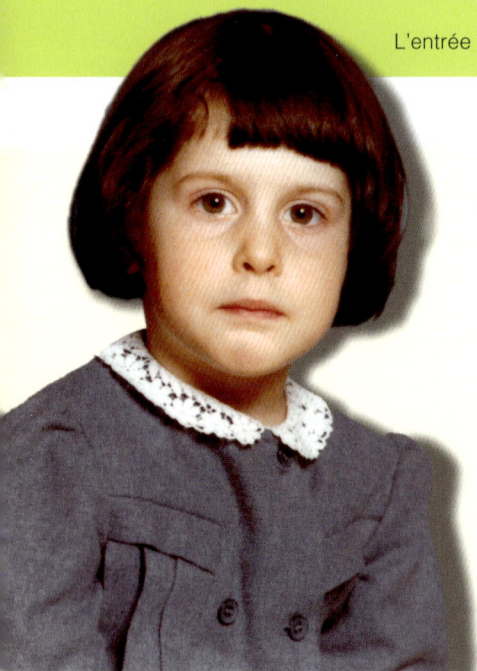

L'entrée à l'école maternelle ne fait pas que des heureux.

L'école, ce terrible mensonge

Premiers pas dans la société : l'école. Durant tout l'été, nos parents s'efforcent de nous conditionner : « Tu verras, c'est chouette l'école ! Il y a plein d'autres enfants pour jouer, tout plein de crayons de toutes les couleurs, de la pâte à modeler à ne plus savoir qu'en faire. L'école, c'est génial ! Et puis, tu vas avoir ton cartable… »

Certes, sur le papier, il y a de quoi être enthousiaste. Mais nos géniteurs ont omis de mentionner que nous allons en prendre pour

Chronologie

13 janvier 1982
Le gouvernement de Pierre Mauroy institue la semaine de travail de 39 heures ainsi que la cinquième semaine de congés payés (contre 40 heures et 4 semaines auparavant).

24 février 1982
Amandine, le premier bébé-éprouvette français, voit le jour à l'hôpital Antoine Béclère de Clamart. Louise, le tout premier bébé conçu par fécondation *in vitro*, était née en 1978 en Grande-Bretagne.

2 avril 1982
Un conflit sur la souveraineté des îles Malouines oppose le Royaume-Uni à l'Argentine. La junte militaire argentine ne s'en remettra pas.

27 juin 1982
La terrible pandémie qui, depuis la fin des années 1970, a d'abord frappé les États-Unis puis le reste du monde, a désormais un nom : « sida ».

19 janvier 1983
Homme politique et haut fonctionnaire français, Maurice Papon est inculpé de crimes contre l'humanité. Il sera condamné à dix ans de prison en 1998.

5 juin 1983
Yannick Noah remporte le tournoi de Roland-Garros contre Mats Wilander. C'est la première fois depuis 1946 qu'un Français est vainqueur du grand chelem.

5 octobre 1983
Cofondateur de Solidarnosc, Lech Walesa se voit décerner le prix Nobel de la paix. Le 22 décembre 1990, il deviendra président de la Pologne.

3 décembre 1983
Partie de Marseille le 15 octobre avec 32 participants, la Marche des beurs en réunira 60 000 à son arrivée à Paris.

27 juin 1984
La « bande à Michel Hidalgo », emmenée par Michel Platini, remporte le championnat d'Europe de football, organisé dans l'Hexagone.

21 octobre 1984
Mort de François Truffaut.

12 décembre 1984
Sortie française de *S.O.S. Fantômes*.

Avant de devenir chanteur, Yannick Noah a été le premier Français depuis 1946 à s'imposer à Roland-Garros.

plus ou moins vingt ans d'études, qui ne seront pas toujours aussi ludiques… Et puis, un petit truc cloche dans cette histoire. Nombreux sont les bambins qui voient, avec de grands yeux ahuris, un grand frère ou une grande sœur pleurnicher chaque matin à l'heure du petit-déjeuner. Étrange, n'est-il pas ?

Il faut reconnaître que le coup était sacrément bien monté. Chapeau bas aux adultes ! La maternelle a de quoi

De 3 à 5 ans

Le tablier rose, c'était le prestige de l'uniforme.

faire rêver. Des enfants survoltés avec des tabliers vichy roses (pour les garçons comme pour les filles) un peu partout, des ballons sauteurs, des canaris et des lapins dans des cages, une cour de récréation à couper le souffle et des activités délirantes à n'en plus finir. Et puis, effectivement, contrairement à ce que prétendaient nos aînés pleurnichards – souvent déjà lancés dans cet autre monde qu'était le primaire – ce n'est pas la mer à boire.

Il suffit de se souvenir où pendre sa veste en arrivant ! À droite, en entrant dans la classe, une longue lignée de portemanteaux nous attend. Au-dessus de chaque portemanteau, un nom – que nous ne savons évidemment pas lire – et un petit symbole animalier qui fera office de signe de reconnaissance dans chacun de nos travaux. Personnellement, je suis une petite abeille : l'insecte m'accompagnera jusqu'à ce que je sache déchiffrer les cinq lettres de mon prénom.

Les adorables maîtresses sont partout à la fois, faisant face aux états d'âme passagers des uns comme à la suractivité permanente des autres. Elles peuvent compter sur le secours précieux d'aides maternelles dévouées, promptes à s'occuper d'un bobo malvenu, d'une envie pressante de faire pipi ou d'une colère nuisible à l'ensemble de l'assemblée. La maîtresse représente l'autorité, à la fois juste et bienveillante, quand les aides mater-nelles sont des sortes de taties aux personnalités bien marquées. Nous savons donc exactement vers qui nous tourner pour cafter un copain trop turbulent ou nous faire cajoler après une trop grande misère subie dans la cour de récréation.

Sida : la peste d'une époque

Alors que les progrès de la médecine n'ont cessé de faire reculer les maladies, la fin des années 1970 voit une étrange épidémie se propager aux États-Unis. Le mal ne tardera pas à traverser les océans et à faire des ravages aux quatre coins de la planète. Tout d'abord dénommé, un peu facilement, « Gay pneumonia » ou « Gay cancer », le funeste virus acquerra en 1982 son nom définitif : « sida » (syndrome d'immunodéficience acquise).

En 2007, une étude menée par l'OMS faisait état de 28 millions de morts depuis 1981 dans le monde, soit près de 8 000 décès par jour, et de 7 400 nouveaux cas recensés quotidiennement. On peut donc parler de pandémie et ce, malgré le développement des tests de dépistage et les multiples missions d'information.

Les pouvoirs publics se lancent en effet assez rapidement dans de grandes campagnes de prévention pour tenter d'agir sur le principal mode de transmission, les rapports sexuels. La jeunesse sera tout particulièrement visée. Quelque peu délaissé depuis l'essor pris par d'autres moyens de contraception comme la pilule et le stérilet, le préservatif revient, contraint et forcé, au goût du jour. Devant l'absence de vaccin (et malgré le progrès constant des thérapies), la capote reste aujourd'hui encore le seul et unique rempart efficace contre la maladie. Avec, bien évidemment, l'abstinence et la fidélité…

Une carrière d'artiste, ça se prépare dès le plus jeune âge !

L'imagination au pouvoir

Parmi les innombrables activités qui nous sont proposées, il en est une que tout le monde déteste : la sieste, qui tourne systématiquement à un chahut promptement réprimé. Une autre est adulée : l'écoute de *Pierre et le loup*, qui nous donne l'occasion de nous réunir dans une grande salle vide plongée

De 3 à 5 ans

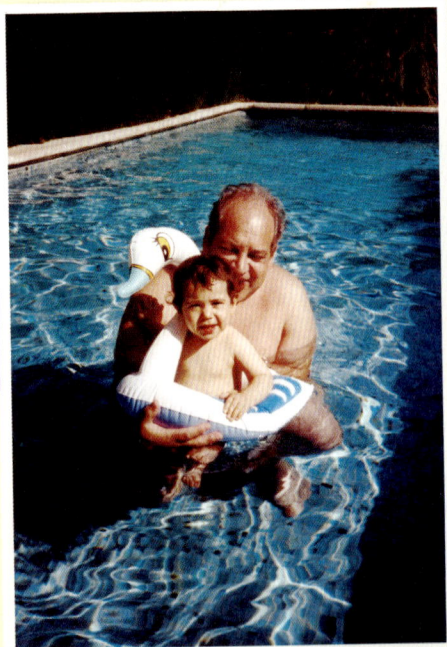

dans l'obscurité, un vaste auditorium où naissent mille images dans nos cerveaux débordants d'imagination.

L'œuvre de Serguei Prokofiev a pour nous une intensité rare : lorsque les cors retentissent, c'est que le loup rode – et nous frémissons. La légèreté du quatuor à cordes signifie que le petit Pierre, auquel nous nous identifions évidemment, vagabonde le nez en l'air. Et lorsque finalement, l'intensité est à son comble, nous accompagnons le rugissement des bois et des cuivres – les chasseurs – de hourras marquant autant notre soulagement que notre satisfaction devant l'issue heureuse de ce conte musical, tant de fois entendu.

La pression peut enfin retomber, qui nous a accompagnés tout du long – exception faite du temps d'attente bien malvenu pendant lequel la maîtresse a changé la face du vieux 33 tours, qui déraille de temps à autre. Le problème se pose d'ailleurs également à la maison lorsque Papa ou Maman écoutent des 45 tours de Jean-Jacques Goldman (*Quand la musique est bonne*) ou de Michael Jackson (*Billie Jean*), deux artistes qui cartonnent à l'époque. Même souci aussi quand on daigne enfin nous passer nos tubes à nous, comme les dernières chansons de Chantal Goya – *Monsieur le chat botté*, *Babar*… Personnellement, ma préférence va à l'album de Nestor le Pingouin, *T'as pas de chocolat*.

Toujours à ce sujet, il me semble important de rappeler à quel point le célèbre mange-disque porte bien son nom. Pas un jour sans qu'une « galette » ne se retrouve coincée dans son antre diabolique. Et pas un jour sans que nous le balancions contre un mur pour cette raison précise. Fin de la parenthèse.

Platini : le petit prince du Parc

Zizou venait à peine de fêter ses douze bougies du côté de Marseille, que la France vibrait déjà pour une bande de Bleus qui s'apprêtait à décrocher son premier titre majeur sur la scène internationale du ballon rond, à la maison qui plus est !
Le grand artisan de ce triomphe avait pour nom Michel Platini, véritable idole de toute une génération de mordus de football. Le triple Ballon d'or, alors au sommet de son art, inscrivit la bagatelle de 9 buts en 5 rencontres lors de la compétition, débloquant même la finale face à l'Espagne en inscrivant un coup franc dont lui seul avait le secret.
Passé par l'AS Nancy-Lorraine, l'AS Saint-Étienne et la Juventus Turin, « Platoche » aura été le joueur phare d'une décennie, à l'image de Raymond Kopa avant lui, ou de Zinedine Zidane par la suite. Son bilan sous le maillot tricolore ? 41 buts en 72 sélections, dont il assura le capitanat à 50 reprises.
Ne manque finalement à son palmarès que la prestigieuse Coupe du monde, dont il verra la finale lui filer entre les doigts en 1982 comme en 1986, les deux fois face à la RFA. Reconverti un bref moment en sélectionneur de l'équipe nationale (avec un bilan mitigé), le Lorrain préside aujourd'hui d'une main de fer la puissante UEFA. Avant de briguer la tête de la Fifa ?
Il ne faut pas en douter. L'ancien numéro 10 des Bleus n'a assurément rien perdu de son esprit compétiteur.

Sacré Papa Noël !

La venue du Père Noël n'est pas le moindre des autres temps forts de l'école. Même s'il est étrange de constater que nous le rencontrons tous à un moment ou à un autre, ici ou là. Au point que nous commençons à nous faire du souci au sujet des commandes de jouets passées. Va-t-il se souvenir de tout ? Aura-t-il le temps de tout fabriquer ? Pourquoi, d'ailleurs, n'irait-il pas tout simplement les acheter dans un supermarché ?

Il est d'autant plus légitime de se faire du mauvais sang que bien des adultes se bousculent dans les magasins pour acheter Playmobil, Lego, Albator, Goldorak et autres, tandis que nos propres parents semblent se reposer

En période de fêtes, nous sommes absolument dé-bor-dés.

De 3 à 5 ans

Le Papa Noël est aussi kitsch que les fringues du frérot !

entièrement sur ce vieil homme à la barbe blanche, qui passe son temps à flâner dans les écoles et à se faire prendre en photo dans les centres commerciaux. Photos souvenirs qui font d'ailleurs pleurer bien des enfants. Trop d'émotion d'un coup, sans doute…

C'est en tout cas un grand sujet de préoccupation pour chacun d'entre nous. Nous en parlons avant, et surtout après. Chacun y va de son anecdote : l'un l'a vu, l'autre l'a entendu. Et si certains mettent en doute son existence, ce n'est que supputation purement mensongère dont la motivation première est très certainement de faire son intéressant. Hop, dispute et quarantaine ! Reste que nous admirons tous nos parents pour leur faculté, le jour venu, à faire le tri entre les cadeaux qui nous sont destinés et ceux qui ne le sont pas.

Le carnaval est une autre bonne occasion de faire la fête au cours de l'année scolaire. Si les filles finissent inexorablement en princesse – ce qui, ma foi, semble leur convenir – les garçons ont chaque année la possibilité d'incarner un nouveau héros : Superman, Robin des Bois, Peter Pan, ou plus simplement un légionnaire romain, un pirate, voire un mousquetaire. Il n'est d'ailleurs pas rare d'en croiser des cohortes entières, tant ces déguisements sont répandus. Quant à ceux qui se déguisent en policier, faute de moustaches crayonnées, ils arborent souvent fièrement une… cigarette en chocolat, qui leur donne un air particulièrement cool que nous leur envions tous. Bien que celle-ci, il faut le reconnaître, devienne particulièrement dure à dérouler et à croquer après quelques mâchonnages. Mieux vaut au final avoir en poche quelques francs, toujours en chocolat, qui se démoulent sans problème. Et là, pas question de regarder à la dépense…

Si Astérix vient, Superman pourra toujours me protéger.

Enfin, le summum de l'année est bel et bien la kermesse. Pêche miracle, jeu de massacre, quilles à dégommer et, à chaque coup, un cadeau. Une bricole par ci, un truc par là, qui forment un incroyable magot en fin de journée. Sans parler du spectacle qui clôture le tout. Sapés de bermudas ou de jupes noires et de chemisettes blanches, nous nous appliquons à déclamer des chants longuement répétés les semaines précédentes. Chorale chancelante dont les beuglements incohérents ravissent les oreilles de nos procréateurs, dont la mauvaise foi n'a d'égal que leur amour à notre égard.

Il n'est pas forcément nécessaire d'attendre mardi gras pour se déguiser.

De 3 à 5 ans

Même si, il est vrai, le petit pas en avant, le moulinet des mains en l'air et le tour sur nous-mêmes – une chorégraphie savamment établie par la maîtresse qui nous l'a inculquée au rythme de son tambourin – doit très certainement faire son petit effet. Au point que nos parents, jamais rassasiés, ne manquent pas de nous demander un rappel lors des réunions de famille. À notre grand agacement…

La bande a fière allure avant le match.
Mais après…

Grand et petit écrans

Mais il y a aussi une vie en dehors de l'école. Et si celle-ci est somme toute bien réglée, nous connaissons quelques moments d'exception. Les sorties au cinéma sont en soit un événement. E.T. l'extra-terrestre n'a-t-il effrayé que moi avec son long cou, sa tête bizarre et son doigt rouge ? J'en doute fort. *Tron*, qui marquait les débuts du numérique sur grand écran, a un côté bien plus fascinant. Tout comme « Le Retour du Jedi », épisode de la fameuse saga *La Guerre des étoiles*, ou encore *Indiana Jones et le temple maudit*.

Le cinéma américain déverse son trop-plein de stars dans les salles françaises et s'apprête à marquer toute une génération. Un acteur incarne cette tendance : Sylvester Stallone. Avec *Rocky* et *Rambo*, il enflamme l'imaginaire de nos aînés, qui boxent et mitraillent désormais dans le vide dès que l'occasion s'en présente. À côté, le très populaire Jean-Paul Belmondo, star hexagonale de l'époque, fait bien pâle figure. Reste que pour combler les mioches que nous sommes, mieux vaut, au final, nous emmener voir un bon vieux Walt Disney.

La petite lucarne n'échappe pas à l'invasion américaine. Le feuilleton télévisé « Dallas » et son inoubliable générique scotche des millions de téléspectateurs devant TF1. Pour nous, les congés sont synonymes de « Croque-vacances », présenté par Claude Pierrard, avec Isidore et Clémentine, les impayables lapins. De quoi faire le plein de dessins animés : « Vic le Viking », « Capitaine Flam », « Maya l'abeille »…

L'art de déléguer les grimaces.

Mais la télévision, c'est surtout des rendez-vous incontournables comme « L'Académie des neuf », « Le Petit Théâtre de Bouvard », « L'École des fans » ou encore le « Top 50 ». 1982 verra la naissance, sur FR3, d'une émission qui nous suivra pendant plus d'une quinzaine d'années : « La Dernière Séance », présentée par un

De 3 à 5 ans

certain Eddy Mitchell. Entre les deux films, c'est un régal de regarder les publicités d'une époque révolue, mais surtout les dessins animés, avec l'improbable Droopy. L'année suivante, sur TF1, le « Bébête Show » vilipende l'univers politique. Ce qui ravit autant les parents, qui apprécient la satire, que les enfants, qui se régalent des mimiques de Kermit, Marchie ou Black Jack.

Les parents ont le sourire, les congés débutent.

Faites de la musique !

Durant les années 1980, un slogan martelait les consciences, à la radio comme à la télé : « En France, on n'a pas de pétrole, mais on a des idées ! » Et quelles idées ! La fête de la Musique, par exemple. Peut-être pas la plus productive, mais la plus festive, à n'en pas douter.

L'idée voit le jour à la fin des années 1970. Il faudra pourtant attendre l'arrivée de Jack Lang au ministère de la Culture pour que le projet aboutisse, en 1982. L'événement rencontre un succès populaire tel que cette première édition ne pourra rester sans suite. Le 21 juin – solstice d'été – devient donc synonyme de « bœuf » géant aux quatre coins du pays. Concerts de stars, scènes improvisées et bals populaires se

côtoient dans une ambiance digne du 14 juillet.

L'initiative franchouillarde ne tarde pas à intéresser nos voisins européens, puis la planète toute entière. À ce jour, près de 110 pays – la liste croit chaque année – ont transformé le jour le plus long du calendrier en une grande messe instrumentale. Alors qu'on célèbrera bientôt les trente ans de la fête de la Musique, on peut toutefois émettre un… bémol : les impitoyables sound systems installés aux terrasses des cafés branchés, crachant leurs insupportables décibels, sont parvenus à nous faire regretter les improbables guitaristes et chanteurs qui abondaient durant les premières années.

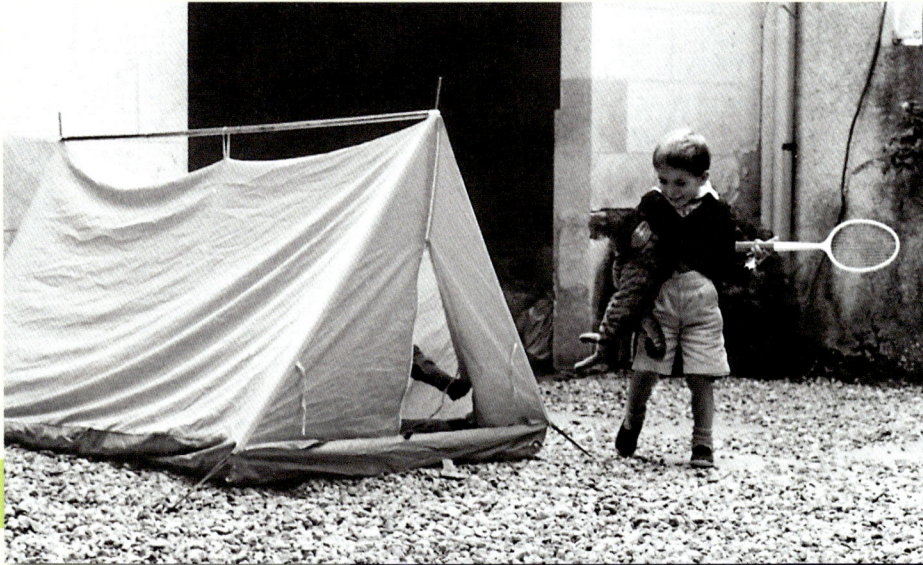

Aucun chat n'a été torturé pour la réalisation de ce cliché.

Un monde fou…

La vie s'écoule ainsi dans l'étrange et tendre cocon qui nous préserve de la réalité du moment. Pendant que nous jouons tranquillement au pied de la table de la salle à manger, nos parents abordent, autour d'un repas copieux et arrosé, des préoccupations qui nous dépassent totalement. Chômage, crise, inflation : ces mots-là sont sur toutes les lèvres. Et les premières années du mandat de François Mitterrand à la tête du gouvernement n'y changeront rien.

Les enfants de l'après-guerre, les fils et filles des Trente Glorieuses, sont au comble de l'inquiétude. Une page heureuse se tourne : celle du plein-emploi, de la croissance et de la vie facile. De son côté, la guerre froide semble ne jamais devoir finir, et des personnages aussi inflexibles que Margaret Thatcher en Grande-Bretagne ou Ronald Reagan aux États-Unis, avec leurs idées néolibérales et fracassantes, ne rassurent personne. Les chefs d'État occidentaux semblent vouloir transformer ce monde en une sorte d'immense… kermesse, ou les « petites gens » seraient les boîtes de conserve sans défense d'un jeu de massacre géant. Voilà comment un gamin aurait pu expliquer les discussions des grands avec ses mots à lui. Mais franchement, mieux valait effectivement nous laisser dans notre tendre innocence. Nous aurions bien le temps, dans quelques années, de chercher à comprendre ce monde fou.

De 3 à 5 ans

Dans quel monde vivons-nous ?

Comble du chic : le pull assorti au vélo.

La grande école

« Tu verras, tu vas apprendre plein de bêtises… » Chaque année, il y a toujours un tonton – généralement celui qui est fâché avec les études – pour tourner en dérision la nouvelle rentrée scolaire qui se profile. Sauf que cette fois-ci, c'est du sérieux : nous entrons au cours élémentaire. Autrement dit, à l'école des grands !

Un nouvel horizon s'ouvre, celui du savoir d'après les parents, de la contrainte selon les élèves. Le CP n'aura finalement

Chronologie

11 mars 1985
Mikhaïl Gorbatchev prend la tête de l'URSS. C'est le début de la fin de la guerre froide.

12 juin 1985
L'Espagne et le Portugal signent leur adhésion à la CEE. Ils deviennent les 11e et 12e étoiles du tout nouveau drapeau européen.

10 juillet 1985
Le *Rainbow Warrior*, navire appartenant à l'organisation écologiste Greenpeace, est coulé par les services secrets français en Nouvelle-Zélande. Bilan : un mort.

12 décembre 1985
Les Restos du cœur ouvrent leurs portes sur l'initiative de Coluche. Plus d'1 milliard de repas ont été servis depuis.

26 avril 1986
En Ukraine, le réacteur 4 de la centrale nucléaire de Tchernobyl entre en fusion. 250 000 personnes sont évacuées ; les conséquences sanitaires seront immenses et difficiles à mesurer.

17 décembre 1986
Sortie du *Nom de la rose*, de Jean-Jacques Annaud, adapté du roman d'Umberto Eco, avec Sean Connery et Christian Slater.

9 décembre 1987
Le peuple palestinien se soulève contre l'occupation israélienne. C'est le début de la « guerre des pierres », ou « première Intifada ».

8 mai 1988
Après deux ans de cohabitation, François Mitterrand débute un second septennat. Il devance largement Jacques Chirac avec 54,02 % des voix.

31 août 1988
Alain de Greef lance l'émission « Les Arènes de l'info », qui deviendra deux ans plus tard « Les Guignols de l'info ».

15 avril – 4 juin 1989
Intellectuels, étudiants et ouvriers chinois réclament des mesures démocratiques. Les manifestations sur la place Tienanmen sont réprimées dans le sang.

14 juillet 1989
La France entière fête le bicentenaire de la Révolution française.

9 novembre 1989
Le mur de Berlin tombe.

Une vue familière qui ramène en mémoire bien des moments.

été qu'une jolie parenthèse enchantée. Un âge d'or forcément éphémère où il semblait possible d'apprendre tout en s'amusant.

Terminée la belle époque ! Dans cette nouvelle ère, tout n'est qu'austérité. À commencer par la salle de classe. D'immenses cartes de France légendées menacent de tomber des murs. Les rapporteurs, équerres et autres compas, surdimensionnés et menaçants, ressemblent à des instruments de torture. Quant à l'institutrice, cela semble évident, elle ne paraît pas disposée à tolérer la moindre singerie. Pourtant, quand nos parents, ces êtres préhistoriques, nous racontent leur enfance, où brimades physiques et cruelles punitions étaient légion, leurs récits ressemblent à des chimères lointaines.

De 6 à 10 ans

TABLE DE MULTIPLICATION

2 fois 1 font 2	5 fois 1 font 5	8 fois 1 font 8	11 fois 1 font 11
2 — 2 — 4	5 — 2 — 10	8 — 2 — 16	11 — 2 — 22
2 — 3 — 6	5 — 3 — 15	8 — 3 — 24	11 — 3 — 33
2 — 4 — 8	5 — 4 — 20	8 — 4 — 32	11 — 4 — 44
2 — 5 — 10	5 — 5 — 25	8 — 5 — 40	11 — 5 — 55
2 — 6 — 12	5 — 6 — 30	8 — 6 — 48	11 — 6 — 66
2 — 7 — 14	5 — 7 — 35	8 — 7 — 56	11 — 7 — 77
2 — 8 — 16	5 — 8 — 40	8 — 8 — 64	11 — 8 — 88
2 — 9 — 18	5 — 9 — 45	8 — 9 — 72	11 — 9 — 99
2 — 10 — 20	5 — 10 — 50	8 — 10 — 80	11 — 10 — 110
3 — 1 — 3	6 — 1 — 6	9 — 1 — 9	12 — 1 — 12
3 — 2 — 6	6 — 2 — 12	9 — 2 — 18	12 — 2 — 24
3 — 3 — 9	6 — 3 — 18	9 — 3 — 27	12 — 3 — 36
3 — 4 — 12	6 — 4 — 24	9 — 4 — 36	12 — 4 — 48
3 — 5 — 15	6 — 5 — 30	9 — 5 — 45	12 — 5 — 60
6 — 18	6 — 6 — 36	9 — 6 — 54	12 — 6 — 72
7 — 21	6 — 7 — 42	9 — 7 — 63	12 — 7 — 84
8 — 24	6 — 8 — 48	9 — 8 — 72	12 — 8 — 96
9 — 27	6 — 9 — 54	9 — 9 — 81	12 — 9 — 108
10 — 30	6 — 10 — 60	9 — 10 — 90	12 — 10 — 120
1 — 4	7 — 1 — 7	10 — 1 — 10	13 — 1 — 13
2 — 8	7 — 2 — 14	10 — 2 — 20	13 — 2 — 26
3 — 12	7 — 3 — 21	10 — 3 — 30	13 — 3 — 39
4 — 16	7 — 4 — 28	10 — 4 — 40	13 — 4 — 52
5 — 20	7 — 5 — 35	10 — 5 — 50	13 — 5 — 65
6 — 24	7 — 6 — 42	10 — 6 — 60	13 — 6 — 78
7 — 28	7 — 7 — 49	10 — 7 — 70	13 — 7 — 91
8 — 32	7 — 8 — 56	10 — 8 — 80	13 — 8 — 104
9 — 36	7 — 9 — 63	10 — 9 — 90	13 — 9 — 117
10 — 40	7 — 10 — 70	10 — 10 — 100	13 — 10 — 130

Devoirs _____ Assiduité _____

TES : Leçons _____ Conduite _____

Application _____

Visa des Parents _____ L'Institut _____

IMPRIMERIE MUNICIPALE

Des fournitures scolaires communes à beaucoup d'entre nous.

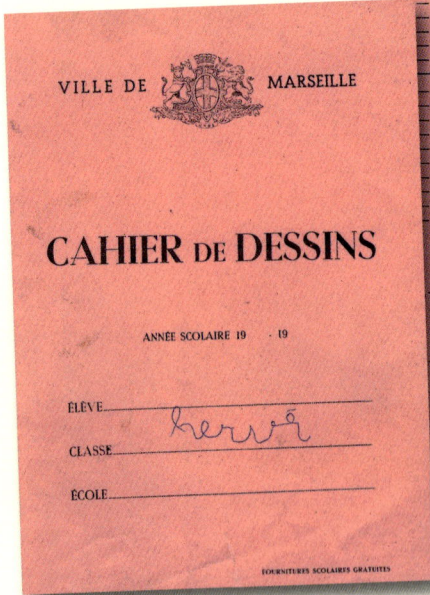

VILLE DE MARSEILLE

CAHIER DE DESSINS

ANNÉE SCOLAIRE 19 . 19

ÉLÈVE _____ herré

CLASSE _____

ÉCOLE _____

FOURNITURES SCOLAIRES GRATUITES

La classe est cependant, pour nous aussi, le royaume de l'ordre, de la discipline et du bon sens. Les agitateurs n'y ont pas droit de cité. « Aide-toi et le ciel t'aidera », s'entend dire celui qui pleurniche à cause de ses lacunes ; « Il n'y a pas de mauvais outils, juste de mauvais ouvriers », entend celle qui ne parvenait pas à tirer un trait droit. À la compassion des années maternelles succède une époque où volontarisme et responsabilité sont les maîtres mots.

Dans la cour de récréation se forgent les premières complicités et rivalités. Tout commence par la recherche du trou parfait pour se mesurer aux billes. Le caractère des protagonistes fait le reste. Certains sont très mauvais perdants. D'autres se font pigeonner par les plus malins, et pleurent. Les plus raisonnables acceptent les règles du jeu sans rechigner : ils ont perdu aujourd'hui, ils se referont demain.

Une mode chassant l'autre, les images de football Panini prennent vite le relais chez les garçons. Des marchandages acharnés s'engagent aux quatre coins de la cour. Tout le monde sait qu'un Alain Giresse vaut bien trois Lensois ou qu'un Joseph-Antoine Bell ne peut décemment être échangé contre un simple Philippe Bergeroo. Un Joël Bats ou un Luis Fernandez ? OK, mais difficile de faire moins que ça…

Villages et villes

Dans les villages, les maisons sont souvent groupées autour de l'église, de la mairie, l'école. Il n'y a plus beaucoup de petites fermes, mais de grandes [...] exploitations agricoles. Certains villages abandonnés autrefois reprennent vie, des citadins y achètent des maisons qu'ils retapent. Une ville est une agglomération beaucoup plus peuplée. Elle comprend des quartiers anciens, les quartiers neufs tours, les banlieues, (villa ou grands ensembles)

À l'école, les choses sérieuses commencent.

Ces palabres perdurent parfois, en sourdine, jusque dans la salle de classe. Notre plus grand malheur étant alors de voir notre précieux capital de « doubles », durement acquis, filer dans le tiroir de l'institutrice. Quelle valeur pourront bien avoir ces images autocollantes une fois la saison terminée ?

Tchernobyl : l'apocalypse nucléaire

Si la guerre froide a laissé craindre durant plusieurs décennies une apocalypse nucléaire, nul n'avait imaginé qu'un désastre radioactif se profilait ce 26 avril 1986 en Ukraine. Autrefois promise à un éternel anonymat, la ville de Tchernobyl s'est soudain retrouvée au centre de toutes les préoccupations planétaires. Une explosion survenue dans le réacteur 4 de la centrale a entraîné la fusion dudit réacteur. Durant huit mois, ceux que l'on nommera les « liquidateurs » batailleront pour tenter de limiter les dégâts. Sur les 600 000 hommes envoyés sur le terrain, 25 000 seraient morts et 70 000 seraient restés handicapés à vie à la suite des radiations.

Du côté de la population civile, on estime à 250 000 le nombre de personnes forcées de quitter leur foyer suite à l'accident. Il est difficile d'évaluer les conséquences véritables des radiations sur la population : selon les sources, on parle de quelques centaines à presque 1 million de victimes. Sans parler des effets du nuage radioactif qui a par la suite survolé l'Europe… pour s'arrêter aux frontières de la France, selon les dires pour le moins fantaisistes des autorités de l'époque. Sans doute ce qu'on peut appeler un mensonge d'État.

De 6 à 10 ans

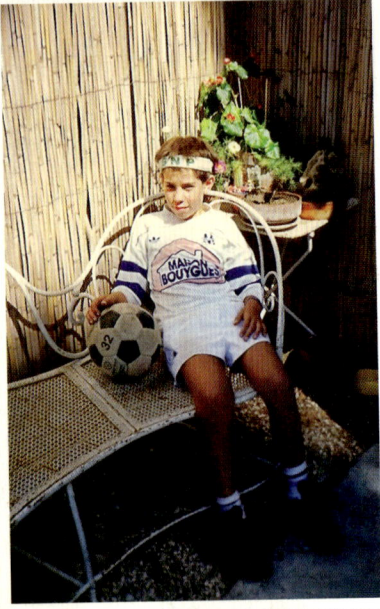

Chaque soir avant de manger, c'est séance de tirs au but...

Dorothée et le JT

Nos journées sont longues et fastidieuses. Elles ne se terminent pas pour autant au moment où la sonnerie stridente de la fin des cours retentit : ensuite, les devoirs nous attendent. Pour parer à cette urgence, nous avons mis en place un rituel bien réglé, qui consiste à balancer son cartable dans l'entrée, à jeter sa veste dans la cuisine, à presser ses parents pour obtenir de quoi goûter et à prendre place dans le canapé face à la télé pour regarder le « Récré A2 » de Dorothée.

Goldorak est le héros des garçons, Candy l'héroïne des filles. Les mangas japonais font alors leur apparition sur les écrans français et tous les gamins plongent avec délices dans des histoires à mille lieues des Walt Disney et autres Tex Avery. Il va de soit que la télévision occupe une place centrale dans les soirées en famille. Difficile d'échapper à la grand-messe du 20 heures, que ce soit sur Antenne 2 ou sur TF1, privatisée en 1987.

Quant à la presse écrite, elle rencontre bien des difficultés, et le credo « Montre-moi ce que tu achètes et je saurai pour qui tu votes » n'a plus que quelques années devant lui. Ensuite, la distinction entre journaux de droite et de gauche sera rendue floue par les différents rachats, concentrations et conglomérats de médias.

Pour sa part, la bande FM a été le théâtre d'intenses luttes visant à mettre à plat le monopole que l'État exerçait sur les ondes. Les radios libres ont fini par sortir victorieuses, mais la plupart des auditeurs n'en attendent rien d'autre que la diffusion des tubes de l'époque : *Plus près des étoiles* par Gold

La trottinette, une fierté au-delà de toutes les autres.

Michael Jackson se lance dans l'humanitaire avec *We are the World*.

ou *Johnny, Johnny* de Jeanne Mas… Les plus à la pointe, eux, ont craqué pour *Take On Me* de A-ha ou *Money for Nothing* de Dire Straits. *We Are the World*, enregistrée à l'initiative de Michael Jackson et de Lionel Richie, réunit les plus grandes stars américaines contre la faim en Éthiopie, et tourne en boucle.

La famine : voilà ce qu'on peut voir à l'heure du dîner. Des enfants du même âge que nous, difformes et affamés. Alors oui, même en rechignant, on finit nos épinards. Pas tant pour ressembler à Popeye, en fin de compte, que parce que de pauvres petits Éthiopiens meurent de faim.

« Aujourd'hui / on n'a plus le droit / d'avoir faim ni d'avoir froid… » Tout le monde connaît le refrain que les Enfoirés chantent dans leurs tournées caritatives depuis tant d'années. Si l'on peut ne pas adhérer au cirque médiatique, il est difficile de ne pas soutenir l'initiative des Restos du cœur.

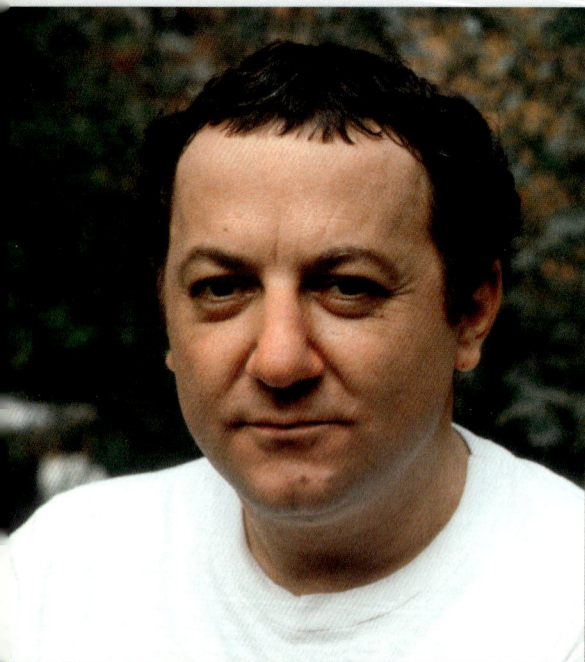

L'association lancée par le regretté Coluche est plus que jamais d'intérêt public près de trente ans après sa fondation. Ce qui n'est pas exactement une bonne nouvelle.

C'est en septembre 1985 que, sur les ondes d'Europe 1, l'humoriste crie sa rage face à la misère et aux excès de la société de consommation : « Quand il y a des excédents de bouffe et qu'on les détruit pour maintenir les prix sur le marché, on pourrait les récupérer, et on essaiera de faire une grande cantine pour donner à manger à tous ceux qui ont faim. » Le premier Restaurant du cœur ouvre ses portes le 12 décembre de la même année. Aujourd'hui, 117 associations départementales œuvrent partout dans le pays, mais aussi chez nos voisins belges, suisses et allemands. Rien qu'en France, plus d'1 milliard de repas ont été distribués depuis la création des Restos. D'après un rapport de l'Insee, en 2011, plus de 8 millions de personnes vivent sous le seuil de pauvreté. De quoi crier à nos dirigeants : « Enfoirés ! »

L'humour et le cœur, deux qualités qui collent à Coluche, tragiquement disparu en 1986.

Le temps des révolutions

Thatcher, Reagan, Gorbatchev, Mitterrand… Ces noms et ces visages accompagnent nos repas. De toute évidence, il se passe des choses graves dans le monde, mais il nous est difficile de les comprendre. Une bande de Gaza s'embrase (qui arrêtera la bande nommée « Intifada » ?), on parle de désarmement nucléaire (Goldorak s'en chargera bien, non ?), le pape Jean-Paul II, avec son drôle de chapeau à la Caliméro, prie pour la planète entière, les hooligans anglais sèment la terreur dans les stades de football,

On s'entraîne dès le plus jeune âge à renverser les rois.

et un terrifiant nuage en provenance de Tchernobyl ranime la crainte d'une apocalypse nucléaire. Rien de bien rassurant, en somme. D'autant que l'actualité nationale n'est guère plus réjouissante : inflation, chômage, sida.

Dans quel monde vivons-nous ? Assurément, un monde qui s'apprête à vivre de grands bouleversements. Dans cette fin des années 1980, la commémoration du bicentenaire de la Révolution française tourne à la grand-messe patriotique. Pour une fois, être sans culotte semble ne plus gêner personne ! C'est l'occasion de découvrir la *Déclaration des droits de l'homme et du citoyen*, mais aussi de porter le bonnet phrygien lors des fêtes de fin d'année scolaire.

Aux quatre coins du pays, les festivités se succèdent. Avec comme point d'orgue un somptueux défilé nocturne et civil, le 14 juillet, sur les Champs-Élysées. Le travail de Jean-Paul Goude est un régal pour les yeux, mais pour ce qui est de l'esprit révolutionnaire en cette année 1989, mieux vaut se tourner une nouvelle fois vers la télévision.

Du haut de nos 10 ans, nous écarquillons les yeux : un homme, seul et anonyme, fait face à une colonne de blindés. La scène se déroule à l'autre bout de la planète, au printemps, dans un pays qui fait alors parler de lui

De 6 à 10 ans

La chute du mur de Berlin se fait dans l'allégresse et en musique, avec Mstislav Rostropovitch et son violoncelle.

plus à cause de son régime répressif que par son miracle économique. Frêle et désarmé mais admirable de volonté, l'homme les défie, les tient en respect, les provoque au-delà de l'entendement. Puis, saisi par quelques individus, il disparaît dans la foule. Acte désespéré face à un régime désespérant ?

Autre image, plus proche de chez nous, au cœur de l'automne : un vieil homme aux cheveux blancs joue du Bach sur son violoncelle. Ce concert de rue, improvisé au milieu d'une foule emplie d'un espoir nouveau, a lieu au pied d'un mur de sinistre réputation. Le virtuose est un certain Mstislav Rostropovitch… Cette image a elle aussi fait le tour de la planète.

Car si la révolte des étudiants et des ouvriers chinois s'est terminée dans un bain de sang, le vent du changement n'a pu être entravé à Berlin. Et le « mur de la honte » s'est effondré sous un raz-de-marée populaire et joyeux.

Il était dit que la fin des années 1980 marquerait le début d'une nouvelle ère. Notre génération aura été le témoin privilégié des boulo-versements de cette fin de décennie et de ceux, heureux comme tra-giques, qui émailleront les années suivantes.

Mais pour l'heure, en élèves consciencieux, nous apprenons à dessiner un monde qui ne tardera pas à être totalement bouleversé. Le globe terrestre qui sert de lampe de chevet à nombre d'entre nous ne sera bientôt plus qu'un objet *vintage* à vendre dans un vide-grenier.

Berlin : un mur s'écroule !

Dans la nuit du 12 au 13 août 1961, les Berlinois assistent à un drôle de remue-ménage. Grillages et barbelés enserrent Berlin-Ouest dans un écrin guère réjouissant. Les maçons est-allemands construisent ensuite ce que la propagande de la RDA qualifiera de « mur de protection antifas-ciste ». Le rideau de fer entre Ouest et Est, prophétisé par Churchill, n'est plus simple-ment une métaphore.

Ce « mur de la honte » s'avère un véritable complexe militaire avec deux bâtis de 3,6 mètres de haut, 302 miradors et dispo-sitifs d'alarme, 14 000 gardes et 600 chiens répartis sur un chemin de ronde équipé de barbelés. Bref, une citadelle imprenable dont la vocation première est bien de stopper l'exode de citoyens est-allemands vers la RFA. 160 fugitifs périront en tentant de passer dans l'autre camp.

Durant vingt-huit ans, Berlin vivra dans un clivage idéologique symbolisé par cette cicatrice de béton. Mais le 9 novembre 1989, le Mur s'écroule dans une atmosphère d'insurrection pacifique, qui voit les Berlinois de tous horizons tomber dans les bras les uns des autres. Un scénario qui préfigure l'effondrement imminent de l'URSS.

De 6 à 10 ans

Obligation de résultats

Sereins, nous avançons dans la vie sans même nous rendre compte que nous laissons notre enfance derrière nous. Rien n'a pourtant visiblement changé et, à nous voir dévorer l'existence, c'est un sentiment d'insouciance qui semble prédominer. Il faut dire que nos parents nous aident à nous préparer à ce monde cruel.

Le cadre qui régit notre quotidien s'élargit progressivement : à chaque âge sa découverte. Ouverture qui passe souvent par la pratique d'une activité sportive ou par l'apprentissage d'un instrument de musique. Toutefois, les attentes qui pesaient sur nos personnes ont considérablement évolué. Petit à petit, le niveau d'exigence s'élève et la pression du résultat se fait sentir. Avec, après chaque session de contrôle trimestriel, l'impitoyable séance de remise du carnet de notes.

Le directeur, solennel, se présente alors dans notre classe au garde-à-vous, calme comme rarement, et égraine les moyennes, de la plus basse à la plus élevée, avec un petit mot pour chacun, de la réprimande sèche aux

Le bulletin scolaire, hantise de bien des élèves.

En classe de neige, la découverte de la montagne et du ski.

chaleureuses félicitations. Autant dire qu'on n'en mène pas large.

Plus nerveux encore que les bons petits soldats que nous sommes, certains parents font les cent pas devant la sortie de l'établissement avant de laisser éclater leur soulagement ou leur exaspération en entendant le verdict.

Presque ado…

Par ailleurs, nous découvrons peu à peu l'amitié. Des bandes se forment – plus que des clans – et chacun trouve progressivement sa place dans ce microcosme de société qu'est l'école. Or, dans ce parcours du combattant que promet d'être notre scolarité, mieux vaut avoir de bons frères d'armes pour partir au combat !

D'autant que la puberté frappe précocement à la porte de certain(e)s d'entre nous. Les garçons ne regardent plus les filles tout à fait de la même manière, et inversement. La glace de l'indifférence, voire du rejet, se lézarde. C'est le temps des premiers flirts innocents, sous les préaux, derrière les platanes ou dans tout coin un peu retiré. Des amourettes de quelques jours raillées par certains, enviées par d'autres, qui ne sont que les prémices d'une tumultueuse adolescence.

Mais pour l'heure, nous en sommes tout juste à planter les graines de notre jardin secret, qui s'annonce pour le moins foisonnant. Il faudra apprendre à l'entretenir. Assurément pas une mince affaire…

À l'école de la vie

Dans la force de l'âge, on ne tient pas en place.

L'histoire s'emballe

« C'est la belle nuit de Noël / La neige étend son manteau blanc / Et les yeux levés vers le ciel / À genoux, les petits enfants / Avant de fermer les paupières / Font une dernière prière / Petit Papa Noël… » En ces vacances de Noël 1989, le transistor de la cuisine

Chronologie

11 février 1990
Après avoir passé vingt-six ans dans des geôles sud-africaines, Nelson Mandela est libéré. Le 27 avril 1994, le leader de l'ANC remporte les premières élections générales multiraciales du pays.

2 août 1990
L'Irak envahit le Koweït, déclenchant ainsi la première guerre du Golfe. Une coalition internationale parvient à repousser l'armée de Saddam Hussein.

3 octobre 1990
Réunification allemande, selon le projet auquel le Parlement de la RDA avait adhéré dans la nuit du 22 au 23 août.

25 juin 1991
La Slovénie et la Croatie annoncent leur « dissociation » de la Yougoslavie. Les Balkans ne tarderont pas à s'embraser.

26 décembre 1991
Après que nombre d'États qui faisaient partie de l'URSS ont déclaré leur indépendance, l'Union soviétique est officiellement dissoute.

11 janvier 1992
En Algérie, suite au succès remporté par le Front islamique du salut au premier tour des élections à l'Assemblée nationale, l'armée annule le vote. Le pays plonge dans la guerre civile.

7 février 1992
La ratification du traité de Maastricht entérine, entre autres, le passage du franc à l'euro à l'horizon 2002.

22 juin 1992
Ouverture du procès instruit suite au scandale du sang contaminé. Sept ans plus tard, trois ministres se retrouveront devant la Cour de justice de la République.

29 mars 1993
Édouard Balladur est nommé Premier ministre de la cohabitation.

1er mai 1993
L'ancien Premier ministre Pierre Bérégovoy se suicide.

13 septembre 1993
Yitzhak Rabin et Yasser Arafat signent les accords d'Oslo, qui laissent entrevoir une sortie du conflit israélo-palestinien. Les deux hommes recevront le prix Nobel de la paix en 1994.

Jusqu'à sa chute, Saddam Hussein n'aura de cesse de faire parler de lui.

crache du Tino Rossi tandis que les visages verdâtres des dépouilles de Nicolae Ceaucescu et de son épouse apparaissent sur le vieil écran grésillant de la télévision. Les Roumains se sont « offert » la tête de leur dictateur

Mikhaïl Gorbatchev et Ronald Reagan auront été les grands artisans de la fin de la guerre froide.

De 11 à 14 ans

La signature des accords d'Oslo entre Arafat et Rabin, sous le patronage de Bill Clinton : un espoir déçu.

au cours d'une révolution nettement moins pacifique que celle qu'ont pu connaître les Allemands. Retransmis en différé, le procès des tyrans a quelque chose de surréaliste.

Mais ce n'est que le début d'une période folle de notre histoire : pendant que l'Allemagne se réunifie, l'URSS explose, tout comme une Yougoslavie qui connaîtra bientôt des heures bien sombres. En Afrique du Sud, le mythique Nelson Mandela sort enfin des geôles d'un pouvoir raciste, tandis que l'Algérie s'enferme dans le huis-clos meurtrier d'une guerre civile qui met en lumière une nouvelle menace : l'intégrisme religieux.

En Europe, on ratifie le traité de Maastricht, qui pose les jalons d'une monnaie unique, l'euro. Plus au nord, c'est en Norvège que l'on se prend à rêver d'une sortie du conflit israélo-palestinien avec les accords d'Oslo, précédés de la fameuse poignée de main, à Washington, entre Yitzhak Rabin et Yasser Arafat. Ajoutons à cela la première guerre du Golfe, et vous conviendrez que l'actualité aura mis à mal nos manuels scolaires dans bien des matières.

Nirvana au panthéon du rock

À l'heure où le succès remporté par MTV finissait de transformer la musique en une industrie de loisirs pour consommateurs aseptisés, une bande de gars déglingués venus de Seattle s'apprêtait à crever l'écran et les tympans de tous ceux qui pensaient que le rock n'était pas encore mort. Nirvana débarquait.

Certes, Kurt Cobain ne deviendrait jamais le porte-parole de toute une génération. Toutefois, l'ange blond en guenilles allait parfaitement retranscrire le mal-être d'une jeunesse en proie aux doutes, dans une époque plus qu'incertaine. Dans la foulée de Sonic Youth, des Pixies ou des Melvins, Nirvana portera haut l'étiquette du rock indépendant et du milieu underground des années 1990.

En 1991, avec le single « Smells Like Teen Spirit » et l'album rageur Nevermind, le groupe va se retrouver propulsé en haut de l'affiche et connaître un succès planétaire. La photo qui orne la pochette du disque montre un bébé nu nageant dans une piscine derrière un dollar accroché à un hameçon. No comment. In Utero, plus soigné, confirmera la prédominance du groupe de Seattle sur la scène grunge. Mais le conte de fées prendra subitement fin avec le suicide, le 5 avril 1994, d'un Kurt Cobain exténué. À tout juste 27 ans, il se retrouvait débordé par une célébrité qu'il n'avait jamais souhaitée. L'idole devient alors une icône.

Derrière la gueule d'ange de Kurt Cobain se cachait un grand désespoir. Nirvana n'est plus.

De 11 à 14 ans

Une nouvelle aventure

Nous connaissons nous aussi un grand chambardement : le passage au collège est un nouveau col à franchir dans notre longue route vers la fin de nos études. Et si le baccalauréat, véritable cap Horn à nos yeux, est encore bien loin, le BEPC va peu à peu sortir de la brume au cours des quatre années suivantes, pour représenter le premier grand sommet de notre scolarité.

Avant d'en arriver là, il nous faut encore intégrer un nouvel univers. Fini les instituteurs et les institutrices à plein temps, et en avant la valse des professeurs différents pour chaque matière ! Là, plus de place pour la moindre compassion : il nous faut nous adapter aux désirs de chacun. Et cela commence même avant la rentrée, avec les sempiternelles courses de fournitures.

Celui-ci veut un classeur, celui-là un cahier-classeur, et un troisième désire ardemment deux cahiers. À gros ou à petits carreaux ? Allez savoir… Comme chaque année, on achète un nouveau compas et une gomme rose et bleue, même si le côté bleu ne sert à rien et que de toute façon, on l'aura perdue avant la fin du premier trimestre. Le stylo à plume est de rigueur, avec son indispensable partenaire, l'effaceur. Même si, là encore, après avoir été soigneusement mâchonné, le bouchon finira par se perdre dans les méandres d'une trousse trop pleine, et l'effaceur par sécher !

Bien évidemment, on n'oublie pas le fameux stylo à quatre couleurs qui finit généralement par n'en compter plus que trois – l'encre bleue semblant s'évaporer – et qui s'avère, par-dessus le marché, la véritable hantise des profs qui l'entendent claquer à longueur de journée ! Quant aux cahiers de texte, ils ont cédé la place aux agendas.

Fait nouveau, les articles scolaires ne sont plus seulement pratiques, ils deviennent aussi « *fashion* ». Les bons vieux cartables austères sont remplacés par des sacs à dos et autres musettes tendances. Idem pour les trousses, les stylos et toutes les fournitures exploitables par les marques qui se bousculent dans les rayonnages. Plus que jamais, la jeunesse devient une cible pour les boîtes de marketing.

Nous veillons scrupuleusement sur les plus petits que nous.

44

« Dis-moi ce que tu achètes et je te dirai qui tu es » : c'est aussi ça l'entrée au collège, et donc les premiers pas dans l'adolescence. Certains vous regardent, vous toisent et vous jugent à partir de ce que vous avez sur le dos. L'apparence est particulièrement importante chez les demoiselles, mais aussi chez un certain nombre de garçons.

Mandela : « Free at last ! »

Évoquer l'histoire de Nelson Mandela, c'est raconter le destin exceptionnel d'un homme aux multiples vies. Ce vieux guerrier de 72 ans retrouve l'air libre le 11 février 1990, après vingt-six années d'emprisonnement dans des conditions particulièrement rudes. Pourtant, le leader de l'ANC, adepte de la non violence puis saboteur de fait, est devenu le symbole de l'insoumission et de l'égalité des races dans l'un des derniers pays, l'Afrique du Sud, où le racisme est la règle. De ces années de détention, il ressort habité par l'idée d'unifier une « nation arc-en-ciel ». Pendant que Nelson Mandela tempère l'enthousiasme de ses partisans, Frederik De Klerk, dernier président blanc du pays, mène les réformes mettant un terme définitif à la politique d'apartheid en 1991. Les efforts des deux hommes seront d'ailleurs couronnés par un prix Nobel de la paix en 1993. Dans ce contexte, toutes les conditions sont réunies pour voir l'Afrique du Sud vivre les premières élections nationales non raciales de son histoire. Ce sera chose faite le 27 avril 1994, avec une large victoire de l'ANC (62,6 % des voix). Nelson Mandela est élu président et reprend, lors de son discours d'intronisation, les fameuses paroles de Martin

Le combat de Nelson Mandela trouve son aboutissement avec la fin de l'apartheid en Afrique du Sud.

Luther King : Free at last ! (« Enfin libres »). À l'issue de son premier mandat, le vieux sage, âgé de 77 ans, se retire de la politique. Comme il l'avait promis !

Matière(s) à rire

Toute l'angoisse des années collège repose sur la répartition des classes à chaque début d'année. Avec qui va-t-on se retrouver ? Où seront nos amis ? Déjà, des rumeurs circulent. La sixième A regrouperait les meilleurs éléments, la sixième B serait plus faible… Et puis, les grands frères, les grandes sœurs, les cousins et les cousines nous ont avertis. Mieux vaudrait éviter cette prof-là, on la surnomme « Freddy Krueger ». Celui-ci postillonne quand il parle. Elle, en revanche, n'a aucune autorité. Quant à ce dernier, c'est un fou de l'interro surprise. Bref, les infos circulent et chacun sait à quoi s'attendre au moment de la rentrée.

Toutefois, chacun trouve bien vite ses marques, et le fait d'être séparé d'un proche peut présenter quelques avantages. On peut par exemple se refiler les résultats de certains exercices, ou se rencarder à la récré sur le dernier examen d'anglais. Et puis, cela élargit le cercle des connaissances, et nous serons plus nombreux à nous retrouver le mercredi après-midi.

Nous découvrons de nouvelles matières, comme l'anglais et ses séances sans fin de correction des verbes irréguliers – qui les a oubliés (to forget / forgot / forgotten) ? Les sciences physiques et naturelles font partie de ces disciplines inconnues : nous faisons nos premiers pas dans un laboratoire, vêtus d'une blouse blanche, pour secouer une solution fumante ou disséquer un cafard. L'EMT deviendra la « techno » (ou comment faire une soudure en baillant et implanter une résistance en regardant par la fenêtre), les deux heures hebdomadaires d'éducation civique se transformeront vite en deux

Quand les cours s'exportent, la classe devient attentive.

Nos lourds appareils dentaires n'empêchent pas les premiers flirts.

heures trimestrielles. Quant aux trois heures d'EPS, si elles font l'unanimité chez les garçons (trop contents de jouer enfin au football à l'école avec autre chose qu'un ballon en mousse ou une balle en papier), on ne peut pas dire qu'elles aient franchement conquis les filles.

Au final, la palme des deux heures les plus impayables de ce nouvel emploi du temps revient incontestablement au cours de musique. L'acquisition d'une magnifique flûte en plastique, imitation bois, annonçait déjà la couleur. La suite sera un feu d'artifice permanent ! Au bout de quatre années de travaux acharnés, on peut enfin reconnaître quelques notes de *J'ai du bon tabac dans ma tabatière* ou *À la claire fontaine*. Mais cela vaut toujours mieux que les mathématiques ou le français, passés à la vitesse supérieure.

De 11 à 14 ans

La poudrière des Balkans

Avec la signature des accords de Dayton à… Paris le 14 décembre 1995, les Balkans tournent une page terrible de leur histoire. L'explosion de la Yougoslavie, à partir de 1991, aura en effet plongé les « Slaves du Sud » dans une guerre fratricide sur fond de génocide ethnique. Or la communauté internationale, qui clamait « Plus jamais ça » après la seconde guerre mondiale, a assisté à ces abominations avec une passivité assez incompréhensible.

Si la guerre de Slovénie n'a duré qu'une dizaine de jours, les combats se sont poursuivis durant plus de quatre ans en Croatie, et ont coûté la vie à environ 25 000 personnes. Le conflit en Bosnie-Herzégovine aurait fait entre 100 000 et 200 000 victimes. L'inefficacité des Casques bleus envoyés par l'Onu pour protéger les civils prendra tout son relief lors du massacre de Srebrenica. Il faudra une intervention militaire de l'Otan– autrement dit, des bombardements – pour contraindre les protagonistes, et plus particulièrement le président serbe Slobodan Milosevic, à s'asseoir à une table des négociations.

Ce dernier sera d'ailleurs inculpé de crimes de guerre, de crimes contre l'humanité et de génocide en 2000 devant le Tribunal pénal international pour l'ex-Yougoslavie. Renversé par son peuple, le dictateur mourra durant son procès, le 11 mars 2006.

Complices avant tout

Avec le temps, nous avons gagné en autonomie. Bien obligés. Rares sont celles et ceux qui peuvent compter sur quelqu'un, chez eux, pour les faire déjeuner ou venir les récupérer le soir. Tout le monde est au travail, et nos grand-parents ne s'arrêtent plus de vivre en arrivant à la retraite. Bien au contraire.

Pour faire face à cette situation, deux tendances : cantine le midi et étude surveillée le soir pour les uns, sandwich dans la rue et bus en fin de journée pour les autres. Les premiers enviant généralement les seconds qui, l'heure

Avec la Game Boy, le jeu vidéo nous suit partout, jusque dans les cours de récréation…

de la sortie venue, envahissent soudain les rues dans une joyeuse cacophonie. Tandis qu'une nuée de gamins bravaches et indisciplinés s'agglutinent aux arrêts de bus du quartier, c'est généralement le moment d'échafauder des plans diaboliques pour sauver la tête de l'étourdi qui a oublié ses tickets.

Plus pieds nickelés que véritables truands, nous avons mille astuces, qui vont du recyclage du vieux ticket usagé jusqu'à l'opération d'exfiltration du bus en cas de danger. Dans le premier cas, l'embrouille la plus courante consiste à récupérer un ticket déjà utilisé, à l'humidifier à l'aide d'une cannette fraîche jusqu'à ce que l'encre devienne illisible, puis à le tenir de façon à ce que le contrôleur puisse imaginer que la moiteur de deux doigts a suffi pour détériorer ainsi le billet.

L'autre stratagème demande un peu plus d'organisation. L'un d'entre nous se place à l'avant du bus pour guetter la montée intempestive de contrôleurs. D'autres, près de la sortie, sont chargés de demander l'arrêt au signal du premier. En cas de danger, toute la troupe, évidemment en règle, a pour mission d'occuper la galerie pendant que le malheureux étourdi en infraction doit se faufiler hors du bus dès que celui-ci est à l'arrêt !

Des moments de complicité que ne peuvent partager les plus chanceux d'entre nous, qui friment sur leurs scooters rutilants. Une tendance nouvelle. Eux ont l'avantage de retrouver plus rapidement la télé pour regarder « Sauvés par le gong », « Le Prince de Bel-Air » ou « Parker Lewis ne perd jamais », des sitcoms dévorées chaque soir par les adolescents. Avant de se laisser hypnotiser par des consoles de jeu en constante évolution. Dans les cours de récréation s'opposent désormais les adeptes de la Game Boy de Nintendo et les fans de la Game Gear de Sega. De quoi rendre dingues nos géniteurs, déjà affolés par le temps que nous passons devant la télé. En même temps, qui nous a mis ces cochonneries entre les mains ?

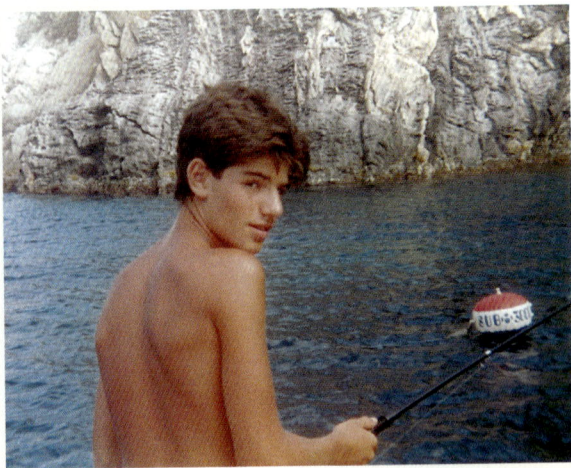

Le rideau se lève !

Les nouvelles technologies envahissent les foyers. La plupart d'entre eux sont équipés d'un téléviseur avec télécommande, désormais accompagné d'un magnétoscope VHS, voire d'un décodeur Canal+. Côté musique, la platine vinyle prend la poussière, remplacée par les lecteurs de compact disc. Si le rap est en plein essor, notamment grâce à des groupes comme IAM ou NTM, dance et techno tournent en boucle chez les futurs clubbers. Les fans de rock, eux, trouvent en Nirvana le son d'une génération : le grunge. À la mort de son leader, Kurt Cobain, en 1994, une certaine jeunesse voit en

Le compact disc a mis les vinyles à la retraite.

À l'image des Beastie Boys, un groupe new-yorkais, le rap envahit les ondes des radios.

celui-ci une icône à l'image de Jim Morrison, John Lennon ou Bob Marley. Autant de clivages culturels révélateurs d'une certaine vision du monde qui se dessine dans nos esprits.

Si pour nous, le passé ne signifie pas encore grand-chose, présent et futur revêtent des contours pour le moins tortueux et angoissants. Avec l'adolescence et la puberté, la question de la perception de soi, de sa relation avec l'autre sexe et du rapport à l'autorité, d'où qu'elle vienne, est insidieusement posée. Laminé, le voile de l'innocence va bientôt se déchirer totalement, après quatre années de collège vécues à toute berzingue. Le brevet en poche, il est grand temps de passer à un nouvel acte du grand théâtre de la vie. Le rideau se lèvera bientôt sur une scène où nous aurons tous à jouer les premiers rôles. Voilà qui promet.

En titubant vers le futur

Fini les bancs du lycée, direction la plage !

Une page se tourne

Jour d'été brûlant. Une lourde porte en fer s'entrouvre en grinçant. Plusieurs centaines de lycéens, fiévreux et agités, hésitent un instant, se bousculent puis finissent par se lancer. Ils foncent tête baissée vers un panneau d'affichage qui concentre tous leurs espoirs. Toutes leurs craintes, aussi. Devant ces listes, le suspense est à son comble, les yeux glissent d'une page à l'autre, la foule retient son souffle, les mains sont moites, les mâchoires crispées et, de toute évidence, une tempête d'émotions souffle dans les crânes. Jusqu'à ce que de petits cris aigus et des rugissements rauques se mettent à résonner

Chronologie

6 mai 1994
Après six années de travaux, l'Angleterre est reliée au continent par 50,5 kilomètres de voie ferrée. Le tunnel sous la Manche est inauguré.

26 décembre 1994
Le vol Air France 8969 reliant Alger à Paris est détourné par quatre terroristes du GIA. Ils exécutent trois otages avant d'être abattus à leur tour par le GIGN.

7 mai 1995
Jacques Chirac, à la tête du RPR, remporte les élections présidentielles face au socialiste Lionel Jospin avec 52,64 % des voix.

11 juillet 1995
De 6 000 à 8 000 Bosniaques sont massacrés par des unités de l'armée de la République serbe de Bosnie. C'est le massacre de Srebenica.

5 septembre 1995
Jacques Chirac rompt le moratoire et ordonne une dernière campagne d'essais nucléaires en Polynésie.

4 novembre 1995
À Tel Aviv, Yitzhak Rabin est mortellement touché par deux balles tirées par un juif extrémiste. Le prix Nobel de la paix avait 73 ans.

8 janvier 1996
Quelques mois seulement après avoir quitté l'Élysée, François Mitterrand, âgé de 79 ans, rend son dernier soupir. L'ancien Président souffrait d'un cancer à la prostate.

27 mars 1996
En Algérie, sept moines trappistes français qui vivaient dans le monastère de Tibhirine sont enlevés et probablement exécutés par le GIA.

25 juin 1997
À 87 ans, le légendaire Jacques-Yves Cousteau tire sa révérence. L'océanographe est devenu mondialement célèbre grâce à ses documentaires télévisés tournés à bord de la *Calypso*.

31 août 1997
La princesse de Galles, Lady Diana Spencer, 36 ans, décède tragiquement à Paris.

5 septembre 1997
Mort de Mère Teresa à l'âge de 87 ans.

La disparition de Lady Diana suscite une grande émotion : une légende est née.

sous les préaux. La masse compacte se transforme dès lors en une cohue intenable et on peut y voir exploser les plus incroyables des sentiments. Je parle, bien évidemment, du jour le plus long : celui des résultats du baccalauréat.

Mais pourquoi commencer par la fin ? Sinon pour dire que les trois années de lycée n'auront finalement été que neuf trimestres de routine, un peu plus pour les moins studieux. Une routine qui verra tout se jouer en l'espace de deux petites semaines. Une quinzaine d'examens dénués d'émotion, tant les bacs blancs nous ont préparés à l'événement. Soyons honnêtes : après tant de mois de pression, notre seul objectif est d'en finir le plus rapidement possible et d'obtenir enfin la clé des champs.

La majorité, ça demande un sacré souffle.

Au final, le soulagement ressenti à l'instant T n'est rien en comparaison de la fierté éprouvée par nos parents, surtout quand ce n'était pas gagné d'avance pour leurs rejetons. Et nous étions visiblement nombreux à douter, à en croire les réactions hystériques des uns et des autres. Il y a bien quelques déçus, admis au rattrapage ou carrément recalés, qui sont rarement surpris. Les plus confiants se permettent d'esquisser une drôle de moue indécente en contemplant leur mention, et font la fine bouche à la vue de leurs résultats.

Au final, peu importe la moyenne affichée, de lycéens nous allons bientôt passer étudiants. En quoi ? Tout est encore un peu vague dans nos esprits. Mais l'important n'est pas là : pour le moment, il nous faut absolument profiter des plus longues vacances de notre vie. La majorité d'entre nous s'apprête en effet, après une pause de trois mois, à rejoindre les bancs délabrés de l'université. Tant pis pour les plus ambitieux qui visent les grandes écoles, ou des études aussi exigeantes que médecine. Nous, nous comptons bien profiter de notre future vie estudiantine et de ses privilèges. Mais revenons un instant au lycée…

Il y a là le résultat de trois années de labeur, avec le bac à la clé.

Moines de Tibhirine : de vie à trépas

Dans la nuit du 26 au 27 mars 1996, à 1 h 15, une vingtaine d'hommes armés pénètrent de force à l'intérieur du monastère de Tibhirine, où vit une communauté de moines trappistes. Surpris dans leur sommeil, les religieux sont pris au dépourvu, à l'exception de deux frères qui parviennent à s'échapper. Pendant près d'un mois, on ignore le sort des moines qui ont été enlevés. Dans la lutte qui oppose le Groupe islamique armé au pouvoir central algérien ainsi qu'à l'élite intellectuelle, les chrétiens sont devenus des victimes collatérales. Mi-avril, un communiqué attribué au GIA promet : « Si vous libérez, nous libérerons... ». Du côté français, la DGSE et la DST entament des négociations bilatérales. Alors que les pourparlers semblent un temps évoluer dans la bonne direction, ils finissent par s'interrompre brutalement. Le 21 mai, un nouveau communiqué tombe : « Nous avons tranché la gorge des sept moines, conformément à nos promesses. » Quelques jours plus tard, les têtes des moines sont découvertes à proximité de Médéa, mais pas les corps. Le 2 juin, les obsèques des frères sont organisées dans la basilique Notre-Dame-d'Afrique, à Alger. Deux jours plus tard, leurs restes seront mis en terre dans le cimetière de l'abbaye de Tibhirine. Pour éclaircir les circonstances de ces assassinats, à propos desquels la responsabilité de l'armée et des services secrets a été évoquée, une plainte a été déposée en 2003 au nom d'un des moines assassinés, et une information judiciaire a été ouverte en 2004.

Jeunesse triomphante

De jeunes adolescents à peine dégrossis, nous voilà maintenant grands gaillards et jeunes femmes affirmées, qui brûlent la chandelle par les deux bouts – privilège de la jeunesse triomphante. Dès nos 16 ans, nous découvrons la vie nocturne, entre bars et boîtes de nuit, malgré les législations en vigueur. Une clope au bec de préférence : voilà qui, bêtement, nous grandit un peu plus dans ce monde interlope où tout semble pouvoir arriver.

Et tels des papillons, nous sommes attirés par de bien douteuses lumières, quitte à nous griller les ailes. L'alcool est un piège. La drogue en est un autre, même si nous ne sommes la plupart du temps confrontés qu'au cannabis. Consommation excessive et dépendance sont des thèmes dont se saisiront très rapidement les pouvoirs publics et les médias, tant ces pratiques deviennent préoccupantes. Autant chez les garçons que les filles, d'ailleurs.

Mais tout cela nous laisse de marbre. Nous faisons nos propres expériences, loin des sentiers battus, avec une naïveté désarmante, une irresponsabilité désolante et, surtout, un zèle alarmant. De quoi avoir peur... rétrospectivement. Sans parler de ceux qui sont restés au bord du chemin après avoir totalement vrillé.

De 15 à 18 ans

Avec du recul, il ne fait aucun doute que, nous, les enfants de la crise, avons dû affronter un univers superficiel auquel il était difficile de trouver un sens profond. Pas de Mai 68 pour nous, pas de grands idéaux, pas de lutte à mener : cette époque était, à tout point de vue, désarmante de vacuité.

Service national : c'est la quille !

Le 28 mai 1996, Jacques Chirac nous a fait un sacré cadeau. À nous, les enfants de 1979… Souvenez-vous… Ce jour-là, le président de la République annonce lors d'une intervention télévisée la suspension du service national, le fameux service militaire, si cher à nos aïeux « mâles ». Le 21 octobre 1997, c'est chose faite : le Parlement adopte la loi 97-1019, qui paraît le 8 novembre au Journal officiel et annonce la suspension de la conscription pour tous les jeunes nés après 1979. Ce qui nous inclut automatiquement. Derrière cette décision, l'État affiche sa volonté de professionnaliser l'armée. Toutefois, nos aînés – qualifiés de « réservoirs de sursitaires » – soumis aux dix mois de souscription, se révoltent rapidement. Déserteurs et insoumis, les fameux P3 (étiquetés « Problèmes psychologiques ») sont de plus en plus nombreux chez les étudiants. Collectifs de réfractaires et pétitions se multiplient, forçant le gouvernement à assouplir sa position sur le sujet. Quant à la Journée d'appel de préparation à la défense, la classe 1979 n'en entendra même pas parler.

De nos jours, pour lutter contre la violence présumée d'une certaine frange de la jeunesse, certains élus réclament le rétablissement du service national ou la mise en place d'un encadrement militaire.

Avec l'Eurostar, Londres devient une banlieue de Paris, et inversement. Un sacré changement.

Promesses non tenues

La France chiraquienne ne laisse alors espérer aucun changement d'envergure – bien au contraire. Notre pays s'enlise dans une médiocrité inquiétante. Insécurité, racisme et précarité forment le cocktail détonant qui abreuvera les prochaines décennies politicardes.

Mais qu'est-ce donc que la France quand il y a l'Europe ? Ce qui n'était au départ qu'une utopie prend peu à peu une forme concrète. L'espace Schengen nous ouvre de nouveaux horizons, d'autant que le tunnel sous la Manche est enfin opérationnel. On nous promet également une monnaie unique pour le prochain millénaire, et on nous jure que notre vie s'en trouvera complètement bouleversée ! Ce n'était pas totalement faux, les prix ont bien changé avec le temps…

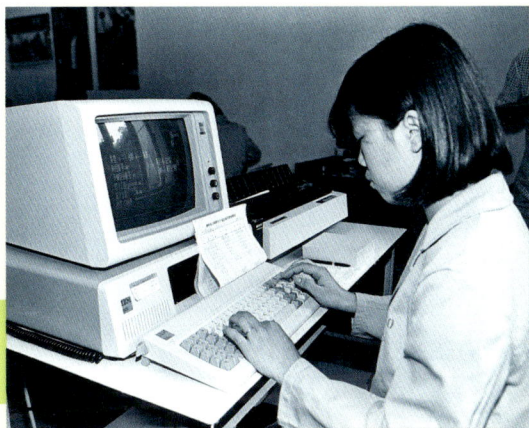

L'air de rien, la technologie a beaucoup évolué avec le temps…

De 15 à 18 ans

Mais il y a plus important que cela : un truc nouveau, un concept irréel que les spécialistes nomment « mondialisation ». Cela ne parle pas encore à grand monde, il faut bien l'admettre. Seule une certaine élite disserte dessus à la télévision, dans des émissions improbables, sans que personne ne parvienne à se sentir vraiment concerné.

Reste que les contradicteurs arrivent toujours aux mêmes conclusions : la mondialisation est une opportunité extraordinaire selon les uns, une terrible catastrophe à venir selon les autres.

Baillant sur le sofa du salon, la télécommande à la main, je zappe frénétiquement d'une chaîne à l'autre. Je m'exaspère en voyant les 2Be3, ou tout autre boys band débilitant, apparaître à l'écran, je souffre devant la cent-huitième rediffusion de « La Petite Maison dans la prairie », je m'interroge, perplexe, devant la chaîne franco-allemande Arte, et je découvre des séries comme « South Park » (qui rejoint les déjà célébrissimes « Simpson ») ou « Friends », qui deviendront de véritables phénomènes avec le temps. Un coup de fil finit par me sortir de mon apathie et… du canapé.

Il faut dire que nous n'avons vraiment pas eu une jeunesse facile, entre le téléviseur d'abord sans télécommande et le téléphone qu'il faut aller décrocher au loin. Le téléphone portable en est encore à ses balbutiements : pour le moment, les frimeurs étalent leurs récepteurs Tatoo, Tam-Tam ou Kobby.

Un modèle d'harmonie familiale.

À l'autre bout du fil, un ami enthousiaste me parle pendant une bonne heure d'une nouveauté, sûrement une nouvelle console de jeu, qui se nomme… Internet. Il vient de l'installer chez lui et me convie à venir découvrir cette merveille. Une fois arrivé, je ne découvre rien d'autre qu'un petit boîtier très bruyant et un écran qui n'affiche pas grand-chose. « Bon OK, c'est sympa, vieux. Ça doit être cool d'avoir un Minitel géant… »

*Cousteau rejoint
le monde du silence…*

*Dans l'univers des documentaires ani-
maliers, souvent destinés aux amateurs
du genre, rares sont ceux qui ont réussi
à fédérer un aussi large public que
« L'Odyssée sous-marine du commandant
Cousteau ». Des années durant, la subtile
mise en scène entourant chaque aventure
vécue au bord de la mythique Calypso,
a permis de faire découvrir à la France
entière – et plus encore – les décors
mystérieux de nos mers et de nos océans.
Fait peu connu, le plongeur à l'éternel
bonnet rouge peut se targuer d'avoir raflé
pas moins de trois Oscar (dans deux
catégories différentes) et une Palme d'or !*

*Aussi, ce 25 juin 1997, lorsque tombe la
nouvelle de la disparition de Jacques-Yves
Cousteau, nous sommes nombreux à le
considérer comme un personnage familier.
Interlocuteur privilégié des grands de ce
monde, cet officier de la Marine nationale
française n'était pas seulement l'un des
pères de la plongée sous-marine moderne,
mais aussi et surtout un écologiste d'avant-
garde, aussi soucieux de faire découvrir
la faune et la flore marines que de prévenir
les dangers guettant ces merveilles. Une
tâche qu'il n'abandonnera pas, toute sa
vie durant. Peu avant sa disparition sortait
son dernier court-métrage, réalisé au lac
Baïkal.*

Le commandant Cousteau, tel qu'on l'a vu des centaines de fois durant ses expéditions à bord de la Calypso.

Belle et soucieuse en attendant le prince charmant ?

Entre extase et désillusion

Nous nous trouvons donc à la croisée des chemins, et nos existences ron-ronnent de plus en plus dans un confort aussi précaire qu'illusoire, un luxe à crédit, un bonheur sans exaltation. Pas étonnant que cette jeunesse ait plongé la tête la première dans l'artifice le plus complet.

Toutefois, difficile d'avoir un goût amer en repensant à ces années-là. C'est le temps des potes et des copines, où règne une effervescence folle, en particulier aux abords du week-end. Or, celui-ci se prépare dès le début de la semaine. Discussions animées et éclats de rire rythment nos nuits, interminables, dont nous rentrons avec des allures de zombies – au grand désespoir de nos parents que nous voyons désormais comme de simples colocataires.

Nous mettons d'ailleurs chacune de leurs absences à profit pour organiser de joyeuses bringues, qui se terminent généralement en « squattage » général. L'ensemble des invités se pointant avec des sacs à dos pleins de bouteilles, des CD et quelques chips ou cacahuètes à grignoter.

De 15 à 18 ans

L'ambiance s'échauffe au fil de la nuit : la chaîne hi-fi crache ses décibels, de petits groupes se font et se défont aux quatre coins de la baraque, qui vibre de toutes parts. Des canettes s'ouvrent, des bouchons sautent, des mégots tournent. Un énorme nuage de fumée plane au-dessus de nos têtes, brume à peine troublée par les pâles lueurs des bougies et de quelques lampes tamisées.

Et cette douce anarchie règne jusqu'à ce que les plus raisonnables soient contraints de ramasser les trop nombreuses victimes de leurs propres abus, abîmés sur les fauteuils ou jonchant le sol. Il n'est même pas rare d'en trouver un étendu dans la baignoire. C'est dans cette frénésie que naissent de grandes amitiés et de petites amourettes. Dans un tel contexte, il en faut évidemment bien peu pour que se nouent des idylles d'un jour, d'une nuit ou d'un peu plus. Le chemin n'est jamais très long, et aboutit la plupart du temps à une impasse...

Mais qu'à cela ne tienne, nous profitons de ces années où il n'est pas encore question de planifier quoi que ce soit, de ces histoires où les attentes, de part et d'autre, ne sont pas très élevées, de ces aventures où il s'agit avant tout de découvrir qui nous sommes, car nous n'en avons encore qu'une vague idée.

Introspection

Lézardant au soleil, à moitié endormi sur une pelouse, je regarde autour de moi. C'est la première fois, en dix-huit ans, que je réalise que j'ai un passé, que je m'inscris dans une chronologie dont le curseur semble étrangement s'emballer au fur et à mesure que j'avance dans la vie. Songeur, je me gratte la barbe en

En mode étudiant, le début d'une toute nouvelle histoire.

62

À nous les premières histoires d'amour.

songeant à tout ce que j'ai pu vivre jusque-là, mais aussi à tout ce qui pourrait m'arriver dans le futur : la vie, l'amour, la mort, les amis, la maladie... Autrement dit, l'éternelle montagne russe de l'existence qui, à ce moment précis, me donne un sacré vertige.

Bref, nous avons 18 ans, et nous avons encore tellement à faire, à découvrir, à partager. Nous avons 18 ans et le monde nous appartient. Et dans quelques années, nous aurons déjà tant à raconter qu'on pourra presque en faire un livre...

Souvenez-vous de vos **premières années...**

Nous, les enfants de...

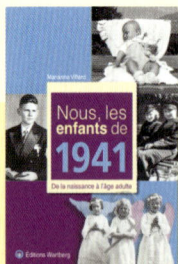

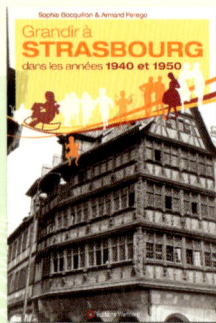

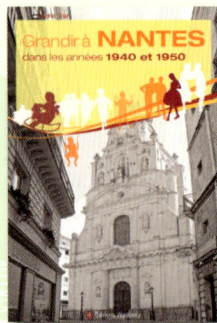

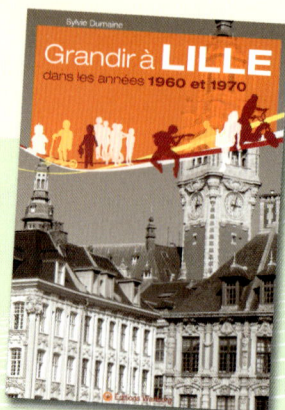